NIVEAU 3

Les superpouvoirs des animaux

Andrea Silen

Texte français du Groupe Syntagme Inc.

SCHOLASTIC

Pour Edith et Jim — A. S.

Catalogage avant publication de Bibliothèque et Archives Canada

Titre: Les superpouvoirs des animaux / Andrea Silen ; texte français du Groupe Syntagme.
Autres titres: Animal superpowers. Français
Noms: Silen, Andrea, auteur.
Collections: National Geographic kids.
Description: Mention de collection: National Geographic Kids | Traduction de : Animal superpowers.
Identifiants: Canadiana 20230566448 | ISBN 9781039708235 (couverture rigide)
Vedettes-matière: RVM: Animaux—Mœurs et comportement—Ouvrages pour la jeunesse. | RVMGF: Documents pour la jeunesse.
Classification: LCC QL751.5 .S5514 2024 | CDD j591.5—dc23

Édition publiée par les Éditions Scholastic, 604, rue King Ouest, Toronto (Ontario) M5V 1E1, Canada.

5 4 3 2 1 Imprimé en Corée du Sud 91 24 25 26 27 28

Conception graphique : Anne LeongSon

L'autrice et l'éditeur remercient sincèrement Robin Palmer d'avoir vérifié les faits présentés dans ce livre, ainsi que Mariam Jean Dreher, professeure émérite en éducation à la lecture de l'Université du Maryland, à College Park, de l'avoir révisé au regard de la littératie.

Références photographiques
AL = Alamy Stock Photo; AS = Adobe Stock;
SS = Shutterstock; HA = haut, BA = bas,
GA = gauche, DR = droite, CE = centre

Couverture, Nicholas Bergkessel, Jr./Science Source; 1, Konstantin Novikov/SS; 3, ftlaudgirl/AS; 4-5, Stephen Dalton/Nature Picture Library/AL; 6-7, Nature and Science/AL; 8-9, Gudkov Andrey/SS; 9 (HA), Joel Sartore/ National Geographic Image Collection; 10-11, Kevin Wells Photography/SS; 12, Anaspides Photography - Iain D. Williams/AL; 13 (BA), Armelle Llobet/Getty Images; 14 (BA), Rasmus Loeth Petersen/AL; 14 (DR), Horizon International Images Limited/AL; 15, kaschibo/SS; 16 (HA), Dale Sutton/AL; 16 (DR), Ingo Rechenberg; 16 (BA), Michael Benard/SS; 17 (HA), Audrey Snider-Bell/SS; 17 (DR), blickwinkel/AL; 17 (BA), blickwinkel/AL; 19, ftlaudgirl/AS; 20, Andrei/AS; 21 (GA), Tim Krynak; 21 (DR), Tim Krynak; 22, WaterFrame/AL; 23, Paul Souders/Getty Images; 24-25, MMCez/SS; 26-27, Hummingbird Art/AS; 27, Tim Laman/ Nature Picture Library/AL; 28-29, Ken Jones/gracieuseté de l'Université de Toronto à Scarborough; 30 (HA), Cathy Keifer/ SS; 30 (BA CE), Abigail Barhorst/SS; 30 (GA), Unique Photo Arts/FOAP/Getty Images; 30 (BA DR), Horizon International Images Limited/AL; 30, Anaspides Photography - Iain D. Williams/AL; 30 (BA GA), Kevin Wells Photography/SS; 31 (HA), Audrey Snider-Bell/SS; 31 (DR), EdBrown/SS; 31 (GA), pclark2/AS; 31 (BA), Dancestrokes/SS; 32 (BA DR), Tim Krynak; 32 (HA DR), Tim Laman/Nature Picture Library/AL; 32 (HA GA), Bass Supakit/SS; 32 (GA), Elana Erasmus/SS; 32 (DR), Elana Erasmus/SS; 32 (BA GA), iPiCfootage.com/SS

FSC www.fsc.org MIXTE Papier | Pour une gestion forestière responsable FSC® C023083

Table des matières

Des animaux super!

Un oiseau qui sait cogner! Une araignée qui fait des sauts énormes! Un hippocampe que les autres animaux ne peuvent pas voir!

Une araignée sauteuse s'élance.

Certains animaux ont des pouvoirs si formidables qu'on pourrait presque dire qu'ils sont des superhéros. Mais ces habiletés ne servent pas qu'à impressionner. Elles leur permettent de survivre. Découvrons comment!

Une vitesse incroyable!

Certains animaux se déplacent très rapidement. Prenons l'antilope d'Amérique, par exemple.

Les antilopes d'Amérique sont les mammifères terrestres les plus rapides de l'Amérique du Nord.

Elles peuvent atteindre une vitesse maximale de presque 100 kilomètres à l'heure.

C'est la vitesse de bien des voitures, sur l'autoroute! Courir aussi vite aide l'animal à fuir les prédateurs.

AH BON?

À savoir

PRÉDATEUR : Animal qui chasse et mange d'autres animaux

Q Pourquoi le caméléon ne peut-il pas parler?

R Il a donné sa langue au chat.

Ça, c'est de la restauration rapide! Les caméléons déroulent leur langue d'un coup sec pour attraper de délicieux insectes. Ils doivent se dépêcher avant que les insectes ne se sauvent. Ils avalent leur dîner en moins d'une seconde.

La langue d'un caméléon fait environ deux fois la taille de son corps.

Molosses du Brésil

La chauve-souris appelée molosse du Brésil plane dans le ciel à la recherche d'un casse-croûte. Elle peut atteindre une vitesse de 150 kilomètres à l'heure environ. Certains des lanceurs les plus rapides peuvent lancer une balle de baseball à une vitesse semblable.

Une force inouïe!

Les fourmis coupe-feuille transportent de lourds morceaux de feuilles jusqu'à leur nid.

Les animaux très forts sont souvent gros et musclés. Mais certains sont tout petits et délicats, comme la fourmi coupe-feuille.

Une fourmi coupe-feuille peut soulever jusqu'à 50 fois son propre poids. C'est comme si un humain soulevait une camionnette!

Les loutres de mer mangent l'équivalent du quart de leur poids chaque jour.

Crac! Les loutres de mer ont une mâchoire puissante, et leurs dents sont deux fois plus solides que celles d'un humain. Elles réussissent ainsi à casser les coquilles très dures des palourdes pour manger la viande à l'intérieur.

L'oiseau appelé messager sagittaire adore manger des serpents. Lorsqu'il en voit un, il lui donne un gros coup de patte. Il frappe si fort qu'il assomme sa proie d'un seul coup.

À savoir

AH BON?

PROIE : Animal qui est mangé par un autre animal

Un messager sagittaire s'apprête à donner un puissant coup de patte.

Pfuitt!

Certaines créatures utilisent le camouflage pour devenir quasi invisibles. Les seiches changent de couleur à volonté. Elles peuvent devenir grises comme les pierres, vertes comme les algues ou prendre bien d'autres couleurs.

Les seiches se fondent dans leur décor pour disparaître de la vue des prédateurs.

Q **Que disent deux hippocampes quand ils se rencontrent?**

R À l'eau!

Les hippocampes pygmées nagent lentement. Mais ils ont quelque chose de spécial qui leur permet de rester en sécurité. Les adultes sont aussi bosselés et colorés que leur maison, les coraux. Ils sont donc difficiles à voir.

Peux-tu trouver l'hippocampe?

À savoir

AH BON?

CAMOUFLAGE : Couleur ou forme naturelle d'un animal qui se fond dans son environnement

Six dons extraordinaires des araignées

1

D'un seul saut, une araignée sauteuse commune peut **couvrir une distance équivalente à 50 fois la longueur de son corps.** C'est comme si un humain sautait d'un bout à l'autre d'un terrain de football.

2

De nombreuses sortes d'araignées dolomèdes peuvent **marcher sur l'eau.**

3

Lorsqu'elle est menacée, l'araignée flic-flac s'échappe en **faisant la roue.**

4

Certaines sortes de tarentules **projettent** leurs **poils de pattes acérés** vers leurs **ennemis.**

5

L'araignée argyronète **vit sous l'eau.** Elle se fabrique une **maison** à l'aide de sa **toile** et de **bulles d'air.**

6

Une espèce d'araignée sauteuse **ressemble** à une **fourmi.** Elle se **comporte** aussi comme une fourmi pour **duper les prédateurs.**

Quelle métamorphose!

Certains animaux peuvent modifier leur corps de drôles de façons. L'estomac des poissons-globes est élastique. Lorsqu'ils sont menacés, ces poissons avalent beaucoup d'eau pour faire gonfler leur ventre. La plupart des poissons-globes sont en plus couverts d'épines, qui se hérissent lorsque le poisson se gonfle. À cause de ces changements, les prédateurs ont plus de difficulté à les manger.

Certains poissons-globes peuvent devenir aussi gros qu'un ballon de plage!

La pieuvre géante du Pacifique peut se faufiler dans des espaces très étroits pour trouver de la nourriture.

La pieuvre géante du Pacifique est parfois plus longue qu'une voiture. Son corps mou n'a pas d'os; elle peut donc se glisser dans un trou d'à peine 2,5 centimètres!

Q Que fait la grenouille quand elle n'a pas faim?

R Elle saute le repas!

La grenouille de la jungle peut modifier la texture de sa peau : elle peut avoir la peau lisse ou hérissée. Cela l'aide à se fondre dans son environnement.

AH BON?

À savoir

TEXTURE : Apparence ou sensation au toucher d'une surface

De vrais combattants!

Ces créatures sont prêtes à se battre! Le crabe boxeur tient toujours une anémone de mer dans chaque pince. S'il est menacé, il agite ces animaux pour effrayer ses prédateurs, car la piqûre des anémones est douloureuse!

Le crabe boxeur est aussi appelé crabe *pom-pom girl!*

Q Comment le porc-épic aime-t-il sa nourriture?

R Très piquante!

Les piquants des porcs-épics peuvent mesurer jusqu'à 30 centimètres.

Le porc-épic à crête africain a le corps couvert de piquants. Il les dresse en direction de ses ennemis, puis il recule à toute vitesse vers eux pour les piquer. Aïe!

Des sens aiguisés!

Les abeilles domestiques ramènent du pollen à leur ruche. Le pollen colle aux poils qui couvrent une partie de leurs pattes.

Q **Qu'est-ce qu'on dit quand une abeille domestique se trompe de ruche?**

R **Elle est miellée…**

Certains animaux ont les sens très aiguisés. La veille d'une tempête, les abeilles domestiques ressentent de tout petits changements dans l'air. Elles savent donc que la pluie s'en vient. Avant que la tempête ne frappe, elles recueillent beaucoup de nectar, leur nourriture. Ainsi, elles n'auront pas à sortir sous la pluie pour en trouver.

AH BON?

À savoir

SENS : La vue, l'odorat, le goût, l'ouïe (prononcez : Louis) et le toucher

En plein vol, une chouette lapone tend l'oreille pour entendre ses proies.

Les chouettes lapones ont une ouïe remarquable. Cela les aide à trouver leurs proies. Elles peuvent même entendre, depuis le ciel, les rongeurs qui se déplacent sous la neige!

Q Vous ne connaissez pas la blague du hibou?

R Dommage, parce qu'elle est chouette!

Tarsier occidental

Les tarsiers sont de petits mammifères aux yeux immenses. Ce sont des animaux nocturnes. Leurs énormes yeux leur permettent de voir dans le noir total.

À savoir

NOCTURNE : Actif la nuit

AH BON?

Des animaux utiles!

Ces animaux aux pouvoirs extraordinaires peuvent aider les humains. Les scientifiques ont étudié une mouche qui a des oreilles très spéciales. Ils ont découvert que cette mouche pouvait trouver l'origine d'un son mieux que n'importe quel autre animal. Les experts s'inspirent de la structure de l'oreille de cette mouche pour fabriquer de meilleurs appareils auditifs. Les superpouvoirs des animaux peuvent *vraiment* nous rendre service!

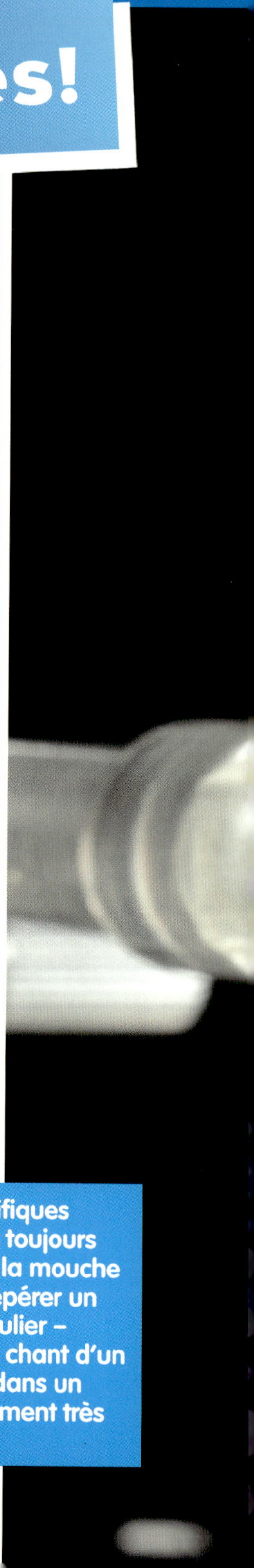

Les scientifiques cherchent toujours comment la mouche arrive à repérer un son particulier – comme le chant d'un criquet – dans un environnement très bruyant.

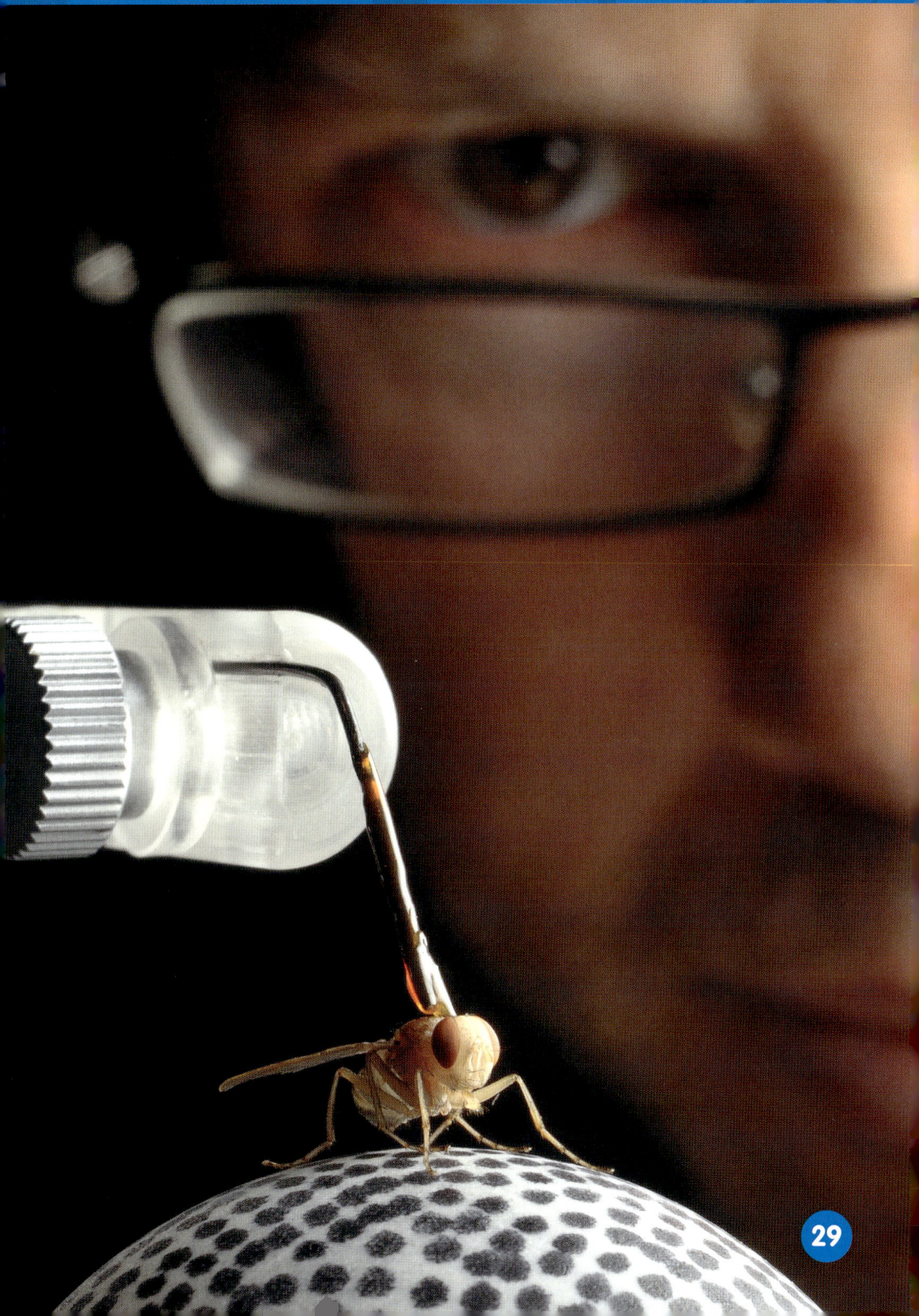

FAIS LE TEST!

Que sais-tu sur les superpouvoirs des animaux? Après avoir lu ce livre, sans doute beaucoup de choses! Mets tes connaissances à l'épreuve en effectuant ce test.

Les réponses se trouvent au bas de la page 31.

1 **Combien de temps faut-il au caméléon pour attraper un insecte?**

A. moins d'une seconde
B. cinq secondes
C. dix secondes
D. une minute

2 **Comment un messager sagittaire fait-il pour assommer sa proie?**

A. il la mord
B. il lui donne un coup de tête
C. il lui donne un coup de patte
D. aucune de ces réponses

3 **Quel animal peut transporter jusqu'à 50 fois son poids?**

A. une araignée dolomède
B. une seiche
C. une loutre de mer
D. une fourmi coupe-feuille

4 **Qu'est-ce que certaines tarentules projettent en direction de leurs ennemis?**

A. des piquants
B. de la soie d'araignée
C. des poils de pattes
D. des fourmis

5 **Pourquoi l'hippocampe pygmée a-t-il des bosses?**

A. pour disparaître dans les coraux
B. pour leurrer ses proies
C. pour attirer un ou une partenaire
D. pour faire peur à ses ennemis

6 **Lorsqu'il est menacé, le poisson-globe se gonfle en...**

A. avalant beaucoup d'eau
B. aspirant de l'air
C. mangeant une grosse collation
D. toutes ces réponses

7 **Que font les abeilles domestiques lorsqu'elles sentent que la pluie s'en vient?**

A. elles bourdonnent très fort
B. elles font provision de nourriture
C. elles volent en cercle
D. elles nettoient leur ruche

Réponses : 1. A, 2. C, 3. D, 4. C, 5. A, 6. A, 7. B

GLOSSAIRE

CAMOUFLAGE : Couleur ou forme naturelle d'un animal qui se fond dans son environnement

NOCTURNE : Actif la nuit

PRÉDATEUR : Animal qui chasse et mange d'autres animaux

PROIE : Animal qui est mangé par un autre animal

SENS : La vue, l'odorat, le goût, l'ouïe et le toucher

TEXTURE : Apparence ou sensation au toucher d'une surface